ÉDITION DU PARTI SOCIALISTE S. F. I. O.

Léon BLUM

Radicalisme et Socialisme

PARIS
[illegible]AIRIE POPULAIRE [illegible] PARTI
12, Rue Feydeau [illegible]
[illegible]
Prix : 0 fr. [illegible]

MARX (Karl) et ENGELS. — Manifeste du Parti Communiste	0 65
LAFARGUE (Paul). — Le droit à la paresse	0 00
Les Trusts américains	3 05
Le Communisme et l'évolution économique	0 63
LEBAS. — Les Assurances sociales en France et le Parti Socialiste : 0 fr. [illegible]; les dix : 3 fr.; le cent	20 »
Sur l'ordre de Moscou, Comment les Communistes ont brisé l'unité : 0 45; les dix : 3 fr.; le cent	20 »
LUXEMBOURG (Rosa). — La Révolution russe	0 90
Les dix, 7 francs; le cent, 65 francs.	
MISTRAL et PAUL-BONCOUR. — Le Désarmement général	1 20
Les dix, 11 francs; le cent, 97 francs.	
PLEKHANOFF. — La Conception matérialiste et l'histoire	0 65
RENAUDEL (Pierre). — Pour un programme d'action, — Pour l'Unité internationale (100 : 45 fr.)	0 63
SIXTE QUENIN. — La Défense Nationale et l'Unité socialiste	0 90
Le Programme municipal (le cent : 30 fr.)	0 05

CHANSONS DIVERSES

L'Internationale. — Le Drapeau rouge. — Les Cognoliçots. — L'Insurgé. — La Marche du 1er Mai. — La Complainte du Prolétaire, etc., l'exemplaire	0 15
Les dix, 1 fr. 25; le cent, 10 francs.	

MÉDAILLES-BRELOQUES

De Jaurès, vieil argent et doré	2 »
De Guesde, vieil argent et doré	1 50
Épingles de cravate de Guesde et Jaurès	1 50
(Prix spécial en nombre).	

DRAPEAUX ET INSIGNES à prix modérés

CARTES POSTALES

de Guesde, Jaurès, Vaillant, Sembat, Bebel, Karl Marx, Liebknecht, B. Malon, Engels, Rosa Luxembourg, Léon Blum, Paul Faure	l'une 0 15
La série de douze, 1.50; les cinquante, 5.50; le cent, 9 francs; le mille, 60 francs.	
Carte postale Jaurès tissée sur soie artistique	2 10

PORTRAITS ARTISTIQUES

de Guesde et Jaurès 50×65	3 30
27×37 similí sur papier crème	1 80
de Matteotti, en couleur 50×30	5 30
Portraits artistiques, 50×60 agrandissement photo (plus port et emballage)	200 »
Buste bronze, haut. 0,32, 80 francs. Haut. 0,65	500 »
(Port et emballage en sus).	

ÉGLANTINES

Le cent franco : 10 fr.; les cinq cents : 45 fr.; le mille : 80 fr.

IMMORTELLES

Les cent touffes, 16 francs; le mille, 140 francs.

ÉDITION DU PARTI SOCIALISTE S. F. I. O.

Léon BLUM

Radicalisme et Socialisme

PARIS
LIBRAIRIE POPULAIRE du PARTI
12, Rue Feydeau (2e)

1927

Du 31 janvier au 20 février 1927, Léon Blum a publié dans Le Populaire, *sous le titre général de « Les Radicaux et nous » une série d'articles où il a confronté la doctrine et l'action du parti radical et du parti socialiste.*

C'est à cette série qu'est empruntée la matière de la présente brochure.

La Librairie Populaire.

Radicalisme et Socialisme

Comment on écrit l'Histoire

La manie des enquêtes ayant gagné les revues, un collaborateur de la « Revue de Paris », M. Georges Suarez, vient d'interroger tour à tour les représentants des grands partis politiques. Il avait déjà, voici deux mois, publié sa conversation avec Paul Faure. Il reproduit maintenant l'entretien que vient de lui accorder M. Maurice Sarraut.

Cet entretien a tout naturellement pris l'allure d'un véritable manifeste du parti radical. M. Maurice Sarraut, qui le préside depuis le Congrès de Bordeaux, en a dessiné la structure, défini le programme. Il a précisé la position théorique et pratique du radicalisme vis-à-vis des autres partis et tout particulièrement vis-à-vis du parti socialiste.

Sans crainte de lasser la patience de nos lecteurs, je me propose de suivre point par point M. Maurice Sarraut, de formuler point par point, en réponse à sa déclaration, ce que je crois être la réalité des faits, ce que je crois être la pensée authentique de notre Parti. Je n'ai pas besoin d'ajouter que j'entreprends cette confrontation sans nulle espèce d'acrimonie. J'y pense d'autant moins que M. Maurice Sarraut s'exprime à notre endroit sur un ton de sympathie dont je veux avant tout le remercier. Mais — tous nos camarades le savent — une des raisons qui nous ont fait le plus vivement sentir le besoin d'un quotidien socialiste, c'est la nécessité de lutter contre de fausses interprétations de notre attitude depuis le 11 mai, c'est la nécessité de rectifier, ou de divulguer, un certain nombre de faits trop mal jugés ou trop peu connus. La déclaration publique de M. Maurice Sarraut m'en offre l'occasion ; elle m'en impose même le devoir.

La première question que je désire régler avec M. Maurice Sarraut, c'est ce que j'appellerai la question des responsabilités. Il est clair que la victoire électorale du 11 mai n'a pas produit les résultats que l'opinion démocratique de ce pays en attendait, et la déception a été d'autant plus amère que l'enthousiasme avait été plus ardent. Il est tout aussi clair que le parti radical se trouve aujourd'hui dans une situation... embarrassée, et qu'il ne lui est pas très commode de justifier devant ses meilleurs militants sa participation au gouvernement Poincaré. Nous comprenons que M. Maurice Sarrault ait été tenté de soulager son parti de telles responsabilités, ce qui l'amenait naturellement à les rejeter sur le nôtre. Nous le comprenons fort bien, mais M. Sarraut comprendra à son tour que nous ne nous laissions pas charger si aisément des péchés de notre prochain.

La conséquence logique des élections du 11 mai, dit M. Sarraut, c'était la constitution d'un gouvernement où fussent représentés les partis vainqueurs, c'est-à-dire les socialistes comme les radicaux. Du jour où les socialistes ont refusé de participer au gouvernement Herriot, « l'élan du 11 mai a été brisé ». L' « Œuvre » a reproduit en manchette cette phrase qui figurait déjà, si j'ai bonne mémoire, dans le discours de M. Sarraut à Bordeaux. C'est notre refus, ajoute M. Sarraut, qui, après avoir rompu l'élan démocratique du pays, a provoqué la série de crises ministérielles, l'échec ou l'abandon des réformes, et, en fin de compte, l'adhésion forcée des radicaux à l'Union Nationale.

Telle serait donc, pour nous, la faute originelle ! Comme je ne veux exprimer ici que des pensées communes à l'unanimité des membres de notre Parti, je ne rechercherai pas si nous avons eu tort ou raison de ne pas participer après le 11 mai. Mais ce que j'entends rétorquer fortement à M. Sarraut, c'est ceci : Puisque la participation des socialistes au pouvoir était la conséquence nécessaire de la victoire du 11 mai, pourquoi donc les radicaux n'en ont-ils pas tiré cette conséquence ? Puisque, du jour où le gouvernement se constituait sans nous, la partie était perdue d'avance, pourquoi donc les radicaux n'ont-ils pas réclamé notre participation ?

Car M. Sarraut paraît perdre de vue, et il n'est pas le premier, ce fait pourtant incontestable : qu'au moment de la constitution du cabinet Herriot, nous n'avons eu aucune offre à refuser, **par la raison qu'aucune offre ne nous a été faite.** Il est facile, après coup, de se récrier : Ah ! si les socialistes avaient voulu ! Mais, au lendemain du 11 mai, le parti radical se jugeait parfaitement en état de marcher seul, il n'estimait en aucune façon que notre collaboration lui fût nécessaire. Certes, si nous l'avions proposée, on n'eût pas contesté notre droit, je suis même convaincu qu'Herriot aurait été personnellement heureux d'étendre au ministère qu'il allait former les résultats de son expérience lyonnaise. J'ajouterai même que, s'il ne nous a pas adressé d'offre formelle, c'est peut-être parce qu'il savait notre parti partagé sur cette question. J'ajouterai tout ce que l'on voudra. Mais enfin le fait est là. **Nous n'avons été formellement, officiellement saisis que d'un document : la lettre où Herriot notifiait à notre Conseil National réuni, le programme du futur gouvernement radical.**

Ce qui n'est pas moins certain, c'est que la formation d'un gouvernement radical homogène était alors la solution souhaitée par tous les amis de M. Sarraut. Combien en ai-je entendu, dans les couloirs de la Chambre, combien qui, depuis..., mais qui nous approuvaient alors sans réserve. L'affirmation de soutien, l'autorisation donnée au groupe parlementaire de voter le budget, c'était à leurs yeux les meilleures résolutions qu'on pût attendre de notre parti. Toute cette histoire est à présent bien oubliée ; elle est authentique cependant.

Si le succès de la législature était suspendu, comme on s'en avise un peu tard, à la participation socialiste, pourquoi ne pas l'avoir exigée, pourquoi du moins n'avoir pas exigé de nous une réponse catégorique, pourquoi ne pas nous avoir mis au pied du mur ?... Non, non, cher Monsieur Sarraut, faites un effort de mémoire. La politique de soutien inquiétait assurément quelques-uns de nos amis : Boncour, Moutet, Varenne, Auriol. Mais elle donnait pleine satisfaction à l'ensemble des vôtres. A supposer qu'une faute ait été commise, assumez-en votre part, votre large part... Car si nous avions péché par erreur, vous auriez péché, vous, par omission, et même par complaisance.

L'abnégation socialiste

Après le 11 mai, le Parti radical a pris le pouvoir, et l'a pris seul. La volonté populaire l'avait investi d'une sorte de souveraineté. Il disposait d'une majorité forte et fidèle. Il s'est employé tout d'abord à une œuvre essentielle — et qui suffit pour que ni lui ni nous n'ayons rien à regretter : il a aiguillé vers la paix la politique extérieure de la France. Sur tous les autres terrains, il a échoué.

Cependant, nous avions tous travaillé à son succès, et du même cœur, les adversaires de la participation comme ses partisans. « Paul Faure et Léon Blum, dit M. Sarraut, craignaient qu'une collaboration du Parti au gouvernement ne mît en péril, pour l'avenir, sa force électorale. » Je l'assure que nous avions été déterminés par des mobiles moins égoïstes. Nous étions convaincus que la participation ne répondait ni à l'intérêt vrai de notre Parti **ni à celui du Parti radical.**

A tort ou à raison, nous étions convaincus qu'il nous était plus facile d'appuyer les radicaux luttant sur leur propre programme que de tomber d'accord avec eux sur un programme commun, que nous apporterions plus de force réelle au ministère radical en le soutenant du dehors avec l'unanimité de notre Parti qu'en collaborant au nom d'un Parti incertain et partagé... Tels étaient les préoccupations, les mobiles de ceux mêmes en qui M. Sarraut croit discerner rétrospectivement des adversaires.

M. Sarraut veut bien convenir qu'en effet nous avons « soutenu loyalement » le cabinet Herriot, mais il le reconnaît en quatre mots, dans une incidente. C'est passer un peu vite ; il y a de l'ingratitude dans cette brièveté évasive : nous méritions mieux que cela. Je dis, moi, que l'histoire parlementaire ne connaît pas l'exemple d'un Parti politique prêtant son concours à un autre parti avec une loyauté, un dévouement, une abnégation comparables. Non, cher Monsieur Sarraut, nous n'aurions pas mieux défendu nos propres hommes. Pendant un an, nous avons protégé le cabinet Herriot de nos poitrines ; nous nous sommes jetés au devant de tous les coups. Quand Herriot est tombé, c'est peut-être pour ne pas avoir écouté nos avis, ce n'est pas pour avoir rencontré chez nous une défaillance. Avait-il trouvé chez ses propres amis la même ardeur unanime ? Quelle place tenaient dans cette bataille quelques-uns de ceux qui nous reprochent aujourd'hui d'avoir « rompu le cartel » ?

Mais poursuivons. Quand l'hésitation d'une partie des radicaux de la Chambre, l'opposition d'une partie des radicaux du Sénat eurent jeté bas le cabinet Herriot, M. Painlevé a formé son premier ministère. **Avons-nous refusé d'y participer ? Non, car cette fois encore on ne nous l'a pas demandé.** M. Painlevé, à coup sûr, eût volontiers proposé un portefeuille à telle ou telle individualité socialiste. Mais, comme le ministère qu'il constituait se présentait à tous égards comme un gouvernement d'atténuation, d'apaisement, il ne pouvait même pas songer à nous offrir une collaboration de Parti. L'avons-nous pourtant soutenu ? Ah ! vraiment, ici encore, on oublie trop vite.

La composition, la déclaration du cabinet Painlevé

n'étaient guère faites pour nous contenter. Toute une fraction des radicaux, aussi désappointée que nous, ne demandait qu'à nous suivre dans l'opposition. Et c'est nous qui avons sauvé le cabinet Painlevé dès sa première rencontre avec la Chambre ; c'est nous qui avons soutenu et repoussé l'assaut de la droite contre M. Caillaux... Un mois après, le 12 juillet, sur la question du chiffre d'affaires, M. Caillaux posait délibérément la question de confiance contre nous et l'emportait avec les voix de la droite.

Je pourrais passer maintenant au second cabinet Painlevé qui ne nous a pas davantage offert la participation, mais avec qui nous n'avons cessé de rechercher un accord sur le plan financier — pour qui nous n'avons cessé de voter, mais à qui une partie des bulletins radicaux a manqué dans le vote final et mortel. Je pourrais évoquer l'histoire du contre-projet fiscal. Je pourrais rappeler que nos abstentions tolérées ou délibérées sauvèrent dans deux occasions décisives le cabinet Briand, qui n'était qu'un cabinet de « cartel » mitigé ou d'Union nationale anticipée.

Mais je crois la démonstration suffisante. Nous ne sommes responsables ni de la succession des crises ni de l'impuissance des gouvernements. En matière de politique intérieure, les cabinets radicaux ont échoué. Cet échec était-il évitable ou non ? Est-il le fait de circonstances qui surpassaient toute prudence, toute volonté humaine, ou bien faut-il l'imputer à des erreurs, à des fautes ? Je ne discute pas là-dessus. Mais si erreurs il y eut, ce n'est pas nous qui devons en prendre la charge, si fautes il y eut, ce n'est pas à nous qu'elles doivent équitablement incomber.

Contrariétés de doctrine

Dans l'interview de la « Revue de Paris », comme dans la déclaration qu'il avait rédigée à l'issue du Congrès de Bordeaux, M. Maurice Sarraut pose à peu près ainsi les rapports du Parti radical avec le Parti socialiste :

Dans le passé — sur lequel je ne reviens plus — M. Sarraut estime que des erreurs ont été commises, mais souhaite évidemment que l'expérience acquise en prévienne le retour.

Le présent lui apparaît comme une sorte de période neutralisée, période qui se prolongera d'ailleurs aussi longtemps que le gouvernement actuel.

Pour l'avenir, M. Sarraut croit possible, et il me paraît même qu'il juge souhaitable, un rapprochement intime, une communauté d'action entre les deux partis.

Ce qui justifie cette prévision et ce vœu, c'est que, aux yeux de M. Sarraut, il n'existe entre radicaux et socialistes qu'une différence de tempérament ou qu'une différence d'idéologie. Les radicaux se tiennent plus près que nous de la réalité, se rendent compte de la lenteur nécessaire du progrès, jugent qu'il doit s'accomplir par étapes, alors que nous, socialistes, continuons à croire « au cataclysme obligatoire et au miracle souverain ». Mais si la tactique et la philosophie diffèrent, le but, en matière sociale, est commun. « Les uns comme les autres, dit M. Sarraut, nous poursuivons « la suppression du salariat qui est une forme arriérée de la rémunération du travail ».

Son désir de limiter ou de réduire les points de conflit entre les deux partis est si sensible qu'il rejette dans le passage de l'interview réservé aux communistes son jugement sur la lutte de classes et sur la dictature du prolétariat, et déclare que son parti « rejette la lutte de classes ». Mais c'est aux seuls communistes qu'il oppose cette condamnation et ce rejet. Et, quand l'enquêteur M. Georges Suarez lui objecte :

— Mais cette lutte de classes n'est-elle pas inscrite dans le programme socialiste où vous trouviez tout à l'heure tant de points de contact avec votre propre doctrine ? »

M. Maurice Sarraut réplique :

« Certes, oui, la lutte de classes est un des dogmes du Parti socialiste et la dictature du prolétariat un de ses verbes préférés, mais nous savons ce que parler veut dire... »

Et par cette formule, je me hâte de l'ajouter, M. Maurice Sarraut n'entend assurément pas insinuer que lutte de classes et dictature du prolétariat soient devenues pour nous des formules rituelles, vidées de leur sens, que nous répétons du bout des lèvres et sans y croire. Mais en faisant contraster notre conception de la lutte de classes et de la dictature du prolétariat avec celle qu'a professée — et pratiquée — le bolchevisme, il entend montrer qu'il n'y a rien là qui doive épouvanter, rien qui doive faire obstacle dirimant au rapprochement qu'il désire.

Je dirai tout de suite à M. Maurice Sarraut que je ne tombe d'accord avec lui sur presque aucune de ces amicales affirmations.

Je ne pense pas que dans le domaine social nous tendions au même but. Je crois au contraire que sous ces mêmes formules : « suppression du salariat », « disparition du prolétariat », nous désignons, radicaux et nous, des objets foncièrement différents.

Je pense que la croyance à la seule efficacité d'un progrès continu, d'une part, la croyance à la nécessité d'une transformation révolutionnaire, de l'autre, représentent entre les radicaux et nous, tout autre chose qu'une différence de tempérament ou de sentiment, et que cette divergence correspond à une contrariété profonde des doctrines.

Tout en remerciant M. Sarraut d'avoir affirmé avec tant de force — et tant de vérité — que notre conception de la lutte de classes et de la dictature du prolétariat s'opposait formellement à celle des bolchevistes, je pense que ces deux notions sont restées pour nous des idées actives, vivaces, et qu'on ne saurait les détacher de notre doctrine sans la blesser.

En poursuivant cette démonstration, je ne crois pas faire œuvre de provocation, pas même œuvre de polémique entre le Parti radical et notre Parti. Je ne perds pas de vue que nous avons en face de nous des ennemis communs. Je n'oublie pas que les circonstances peuvent nous déterminer sur le terrain parlementaire comme sur le terrain électoral, à des ententes offensives ou défensives. Mais, à y bien réfléchir, ce n'est pas le bon moyen de servir l'intérêt de l'un ou l'autre des deux Partis, ce n'est pas le bon moyen de favoriser entre eux les rapprochements utiles, que de s'abuser sur les contrariétés de doctrine qui les séparent.

Non, ce n'est pas la bonne façon d'énoncer le problème. Le vrai problème, c'est de savoir si, malgré la divergence des buts et l'opposition des doctrines, nous pourrons cependant, aujourd'hui, vis-à-vis de la société présente, vis-à-vis des problèmes actuels, avoir intérêt à coordonner notre action, si l'effort d'amélioration et de progrès des radicaux, la volonté socialiste de transformation totale pourront, pendant un temps donné, converger vers des objets communs. Posé dans son exactitude, ce problème soulève déjà assez de difficultés. Ne le compliquons pas davantage en croyant le simplifier.

Le Socialisme seul peut supprimer le salariat

Ce n'est pas le Congrès de Bordeaux qui a, pour la première fois, inscrit la suppression du salariat au programme du Parti radical. Cette formule y figure depuis une vingtaine d'années. Les promoteurs furent, si je me souviens bien, Ferdinand Buisson et Camille Pelletan. Et, dès cette époque, dans une série d'articles, Jaurès leur opposait ce dilemne :

Ou bien la formule est inexacte et déviée de son sens ;

Ou bien, si elle est employée dans son sens véritable et nécessaire, elle implique l'aboutissement du Radicalisme au Socialisme, une sorte de confusion du Radicalisme dans le Socialisme.

Supprimer le salariat, faire disparaître le prolétariat, qu'est ce que cela signifie en effet ?

Le prolétaire est l'homme qui ne possède que sa force de travail.

La force de travail du prolétaire, dans la société actuelle, est devenue une marchandise comme les autres, soumise à la loi de l'offre et de la demande.

C'est selon cette loi qu'est rémunéré le prolétaire, et non pas d'après la valeur incorporée par son travail à l'objet qu'il produit ou transforme.

Une partie de cette valeur est, au contraire, retenue par les propriétaires des instruments de production, c'est-à-dire, dans notre vocabulaire, par la classe capitaliste.

Le salariat ne sera donc supprimé, le prolétariat ne disparaîtra :

Que si le prolétaire est soustrait aux fluctuations du marché du travail et aux risques de toute sorte qu'elles entraînent ;

Que si le profit capitaliste n'est plus indûment retranché du produit de son travail.

Ce qui revient à dire que la suppression du salariat comporte :

Une organisation sociale appliquant l'ensemble de la main-d'œuvre à l'ensemble des besoins ;

Le retour des instruments de production à la collectivité des travailleurs ;

C'est à dire le socialisme, tout le socialisme.

Comment, dès lors, M. Maurice Sarraut peut-il affirmer tour à tour que le Parti radical poursuit la suppression du salariat et qu'il reste attaché aux formes actuelles de la propriété ? La contradiction est manifeste.

On ne la résoudra en aucune façon par des réformes telles que la participation aux bénéfices, la création d'actions de travail, la participation ouvrière à la gestion. Je ne discute pas ces réformes dans leur fond. Je me borne à faire ressortir qu'elles laissent subsister le salaire comme base de rémunération, et, par conséquent, qu'elles laissent subsister la division actuelle de la société entre patrons et salariés, entre capitalistes et prolétaires.

Je sais bien qu'il est impossible aux radicaux de se prononcer contre les formes actuelles de la production, de la concurrence, de la propriété. Ils le peuvent d'autant moins que le Parti radical, parti de démocratie urbaine il y a une trentaine d'années, n'est surtout aujourd'hui qu'un parti de démocratie rurale. Transformation dont nous commençons à peine à sentir l'importance politique ! Mais il faut choisir. On ne peut maintenir à la fois dans le programme d'un parti deux affirmations si graves et qui se révèlent incompatibles à l'analyse.

Si le Parti radical poursuivait vraiment la suppression du salariat telle que nous l'entendons, telle qu'il faut nécessairement l'entendre, il serait contraint de reconnaître le fait de l'**antagonisme des classes** signalé depuis un siècle par tous les philosophes sociaux. Car c'est précisément l'opposition d'intérêts entre le salariat et le capitalisme qui crée cet antagonisme.

Il serait même logiquement conduit à se rallier à la notion marxiste de l'**action de classe.** Car si le régime actuel du salariat a créé entre travailleurs et capitalistes une opposition d'intérêts irréductible, comment les travailleurs pourraient-ils compter raisonnablement sur le concours ou l'acquiescement des capitalistes pour supprimer ce régime, c'est-à-dire pour mettre fin à leur propre privilège ? C'est le sens même de la formule de Marx, expression historique de l'**action de classe** : « L'émancipation des travailleurs sera l'œuvre des travailleurs eux-mêmes. »

Donc, regardons en face la réalité. Le socialisme veut supprimer le salariat, et même le rendre impossible, ce qui signifie qu'il veut opérer une transformation totale du régime de la propriété. Cette transformation est précisément ce que nous appelons la

Révolution sociale. Les radicaux, ou du moins les meilleurs, les plus ardents d'entre eux, sentent bien, par le cœur ou par la raison, ce que la société présente implique d'injustice et de désordre. La condition des salariés, en particulier, les choque ou les touche. Ils voudraient l'amender, l'améliorer, mais **dans le cadre de la société actuelle.** Ils sont prêts à engager ou à accepter des réformes importantes, mais **compatibles avec le régime actuel de la propriété.** Je ne méconnais ni la noblesse, ni l'utilité de cet effort. Je ne méconnais pas qu'il puisse, en bien des conjonctures, converger avec le nôtre. Mais pourquoi ne pas convenir qu'il dérive d'un autre principe et qu'il tend vers un autre but ?

Révolution et Dictature

C'est parce qu'il veut abolir le salariat et l'antagonisme des classes que le socialisme tend à une transformation essentielle du régime de la propriété. C'est ce que M. Maurice Sarraut qualifie de « cataclysme » ou de « miracle ». C'est que le socialisme nomme la Révolution.

Et voici ce qui justifie à nos yeux cette idée et ce mot : Révolution.

Alors que le radicalisme n'envisage qu'une suite de réformes lentes et continues, nous pensons, nous, que la transformation sociale ne saurait être le résultat d'une série de réformes additionnées, et qu'un jour ou l'autre, après avoir progressivement amendé par ses contours la société actuelle, il faudra s'attaquer, par un acte catégorique et décisif, aux principes qui en sont le cœur et la substance.

En d'autres termes, nous ne pensons pas qu'on puisse passer du régime actuel de la propriété au régime nouveau par une série de transitions, de dégradations presque insensibles. Nous croyons que nous nous trouverons un jour devant une large solution de continuité. Et nous sommes des révolutionnaires parce que nous sommes résolus, nous, à sauter le fossé.

J'aurai quelque jour l'occasion d'expliquer comment l'idée de la Révolution, telle que nous la concevons, s'accorde avec la théorie de l'évolution des espèces vivantes, telle qu'elle est aujourd'hui professée par les continuateurs de Darwin. Car la notion socialiste de la Révolution et la notion scientifique de l'évolution, ne s'opposent plus, mais présentent au contraire, dans l'état actuel de la science, une remarquable concordance.

J'ajourne cette digression. Ce que je veux dire, en revanche, c'est que la théorie socialiste de la dictature du prolétariat se déduit logiquement, nécessairement, de notre conception révolutionnaire.

Nous sommes révolutionnaires en ce que nous voulons substituer à la société présente une société fondée sur des principes totalement différents. Mais l'histoire nous enseigne que toute Révolution **politique**, c'est-à-dire le passage d'un régime politique à un régime différent a presque toujours comporté ce que j'appellerai une vacance de légalité, les institutions anciennes étant renversées, les institutions nouvelles n'étant pas en état de fonctionner.

Ces périodes de vacance de la légalité sont, par définition, des périodes de dictature. Les révolutions républicaines du XIXe siècle ont eu leurs instruments de dictature, qui s'appelaient les gouvernements provisoires. Nous prévoyons qu'une Révolution sociale se trouverait en face de la même nécessité pratique, et c'est pourquoi nous voyons dans la dictature du prolétariat un corollaire presque inévitable de la Révolution prolétariene.

Il est impossible de rompre cet enchaînement logique. Toutes les idées que je viens de formuler s'impliquent l'une l'autre, font corps. Aucune ne peut se détacher de notre doctrine. Or c'est cette doctrine qui nous fait ce que nous sommes. C'est elle que nous avons le devoir d'énoncer dans sa pleine clarté, soit vis-à-vis des radicaux, soit vis-à-vis du bolchevisme.

Car, M. Sarraut le rappelle avec raison, ce sont des raisons de doctrine qui nous ont empêchés, à Tours, d'adhérer à l'Internationale de Moscou, c'est-à-dire au bolchevisme.

Nous avons été en désaccord avec Moscou sur des questions d'organisation de Parti, de respect de la liberté et de la conscience personnelle, questions extrêmement graves mais qui n'intéressent pas le débat présent.

Nous avons été en désaccord sur la conception de la Révolution et de la dictature.

Nous savons que la transformation sociale implique la maîtrise du pouvoir politique. Mais nous n'admettons : ni que la conquête du pouvoir suffise à assurer cette transformation, ni qu'avant cette conquête aucune réforme efficace ne soit possible. Nous affirmons, au contraire, que la possession du pouvoir politique ne produira son effet social que dans la mesure où un travail préalable aura développé l'aménagement favorable de la société actuelle et l'organisation des forces ouvrières. Nous nous refusons à concevoir exclusivement la conquête du pouvoir sous la forme d'une guerre civile victorieuse. Nous nous refusons à concevoir la propagande et l'organisation socialistes comme une sorte de préparation militaire à l'insurrection.

De même, nous ne voyons dans la dictature du prolétariat qu'une nécessité empirique et provisoire, qu'il serait préférable de pouvoir éluder, qui doit être limitée, dans sa durée et dans ses moyens, à ce qu'imposent strictement les circonstances. Nous nous refusons à ériger la dictature et la terreur en méthode systématique et durable de gouvernement. Nous voulons qu'en tout état de cause la dictature temporaire soit exercée non par une caste, non dans l'intérêt exclusif d'une classe — puisque les classes doivent précisément disparaître — mais au nom et dans l'intérêt de toute la collectivité humaine.

CONCLUSION

Je conclus.

En analysant l'idée du salariat, j'ai montré que sa suppression supposait la mise à exécution des principes essentiels du socialisme. Le radicalisme, allant jusqu'à l'extrémité de sa propre formule, s'absorberait ainsi dans notre doctrine à nous.

J'aurai assurément l'occasion d'exécuter le même travail sur d'autres notions qui figurent dans le vocabulaire courant ou dans le programme des radicaux. Presque toutes les formules qui représentent pour eux l'héritage de la Révolution de 89 conduisent à nous, dès qu'on cherche à en épuiser le contenu. C'est, par exemple, en poussant à bout l'idée de l'**égalité politique** que Jaurès a été d'abord orienté vers le socialisme.

C'est en ce sens que le socialisme a pu se porter pour l'héritier légitime de la Révolution française. S'ils demeuraient totalement fidèles à ses inspirations, les radicaux viendraient à nous, mais en tant que parti— car je veux faire réserve pour quelques individus — ils reculent devant les conséquences ultimes ; ils hésitent à mettre en cause les principes fondamentaux de la Société actuelle.

Quel rôle, dès lors, ont-ils à jouer ? Quelle mission à remplir ? Extraire de la Société actuelle tout ce qu'elle peut contenir d'ordre et de justice, ou, plus exactement, réduire à leur minimum les effets de désordre et d'iniquité que produit sa constitution même. Ils peuvent la réformer, aller jusqu'au bout des réformes compatibles avec le régime présent de la propriété.

Nous voulons créer une société nouvelle. Leur rôle est d'amender, d'améliorer la société actuelle. Ils ne peuvent pas nous suppléer dans notre tâche. Mais nous pouvons les assister, les stimuler dans la leur.

Pourquoi le pouvons-nous ?

Précisément parce que le laps indéterminé de temps qui s'écoulera avant la conquête du pouvoir et la transformation révolutionnaire, n'est pas pour nous du temps perdu. Précisément parce que, à la différence des bolchevistes, nous entendons l'employer à autre chose qu'à la préparation psychologique et militaire de l'insurrection. Précisément parce que, à nos yeux, la transformation révolutionnaire suppose une période de travail préalable qui aura suffisamment pénétré, pétri, adapté la société capitaliste, qui aura poussé assez avant le cheminement socialiste dans les choses et dans les esprits.

Et aussi, parce que nous n'ignorons pas que ce travail préparatoire a pour conditions : à l'intérieur, la protection et l'extension des libertés politiques, à l'extérieur, la paix.

Sur ces trois terrains : libertés politiques, pacification, réformes sociales, nous pouvons appuyer l'effort radical. Nous pouvons l'appuyer comme utile et bienfaisant en soi ; nous pouvons l'appuyer comme favorable à notre effort propre.

C'est en ce sens que, suivant l'expression désormais classique, nous pouvons, radicaux et nous

« faire un bout de chemin ensemble ». Même sur les terrains que je viens de délimiter, nous ne serons pas toujours d'accord, car bien des problèmes ne sont susceptibles, en régime capitaliste, d'aucune solution satisfaisante, car la différence des principes suffira maintes fois à faire diverger les points de vue. Mais si le radicalisme engage vigoureusement l'action qui répond à son rôle, il restera possible de trouver un nombre suffisant d'objets communs à nos énergies concertées. Pour les radicaux, ce sera le terme et le but ; pour nous, ce sera le commencement et le moyen.

IMPRIMERIES RÉUNIES (Société Coopérative), 22, r. de Nemours, Rennes

En Vente à la

LIBRAIRIE POPULAIRE

12, Rue Feydeau, PARIS (2e)

Téléphone : RICHELIEU 67-00. Chèque postal [illegible]

(Prière de joindre le montant à la commande).

ADLER. — L'Enquête des trades-unions en Russie ... [illegible]
BLUM (Léon). — Pour être Socialiste ... [illegible]
Les dix, 5 fr. 75 ; le cent, 45 francs.
Commentaires au programme d'action ... 0 65
Les Congrès ouvriers de 1870 à 1900 (2 vol.) ... 2 45
Jaurès au Panthéon ... 0 65
BLUM. — La politique financière du Parti socialiste ... 1 50
BLUM. — Bolchevisme et Socialisme (cent 25 fr.) ... 0 65
Radicalisme et Socialisme (cent 45 fr.) ... 0 55
BLUM et FAURE (Paul). — Le Parti socialiste et la participation ministérielle ... 1 25
CABANNES (René). — Les Assurances sociales et le Socialisme ... 2 50
COMPÈRE-MOREL. — Socialisme et Bolchevisme ... 0 45
Les dix, 3 fr. 60 ; le cent, 30 francs.
Le Socialisme et la Terre ... 0 65
Les dix, 4 fr. 60 ; le cent, 25 francs.
La politique agraire du Parti Socialiste ... 0 65
Les dix, 5 fr. 75 ; le cent, 45 francs.
Pour les Travailleurs de la Terre ... 0 45
Les dix, 3 fr. 25 ; le cent, 25 francs.
La petite propriété paysanne et le Socialisme ... [illegible] 75
L. DISPAN DE FLORAN. — Pour devenir socialiste ... 0 65
FAURE (Paul). — Le Bolchevisme en France ... [illegible] 80
Les dix, 7 fr. 75 ; le cent, [illegible] francs.
GUESDE (Jules). — Double réponse à M. de Mun ... 1 15
Questions d'hier et d'aujourd'hui ... [illegible]
Le Parti Socialiste et la C. G. T. ... 2 50
Essai de catéchisme socialiste ... 2 50
Le Collectivisme (Conférence à Bruxelles) ... 0 55
et LAFARGUE. — Pourquoi l'avenir est au Socialisme ... 0 65
et JAURÈS (Jean). — Les Deux méthodes ... 0 65
[illegible]. — Le Socialisme en France ... 0 [illegible]
Les dix, [illegible] fr. [illegible] ; le cent, [illegible] francs.
JAURÈS (Jean). — Discours à la Jeunesse ... 0 65
Bernstein et l'évolution de la méthode socialiste ... 0 65

KAUTSKY. — L'Internationale et la Russie des Soviets ... 1 15
[illegible]. — Socialisme et relations internationales ... 1 [illegible]

www.ingramcontent.com/pod-product-compliance
Lightning Source LLC
LaVergne TN
LVHW052020160826
845678LV00003B/1137

* 9 7 8 2 3 2 9 6 3 9 6 7 3 *